Moli a Meg

mynd am dro ... i'r ardd

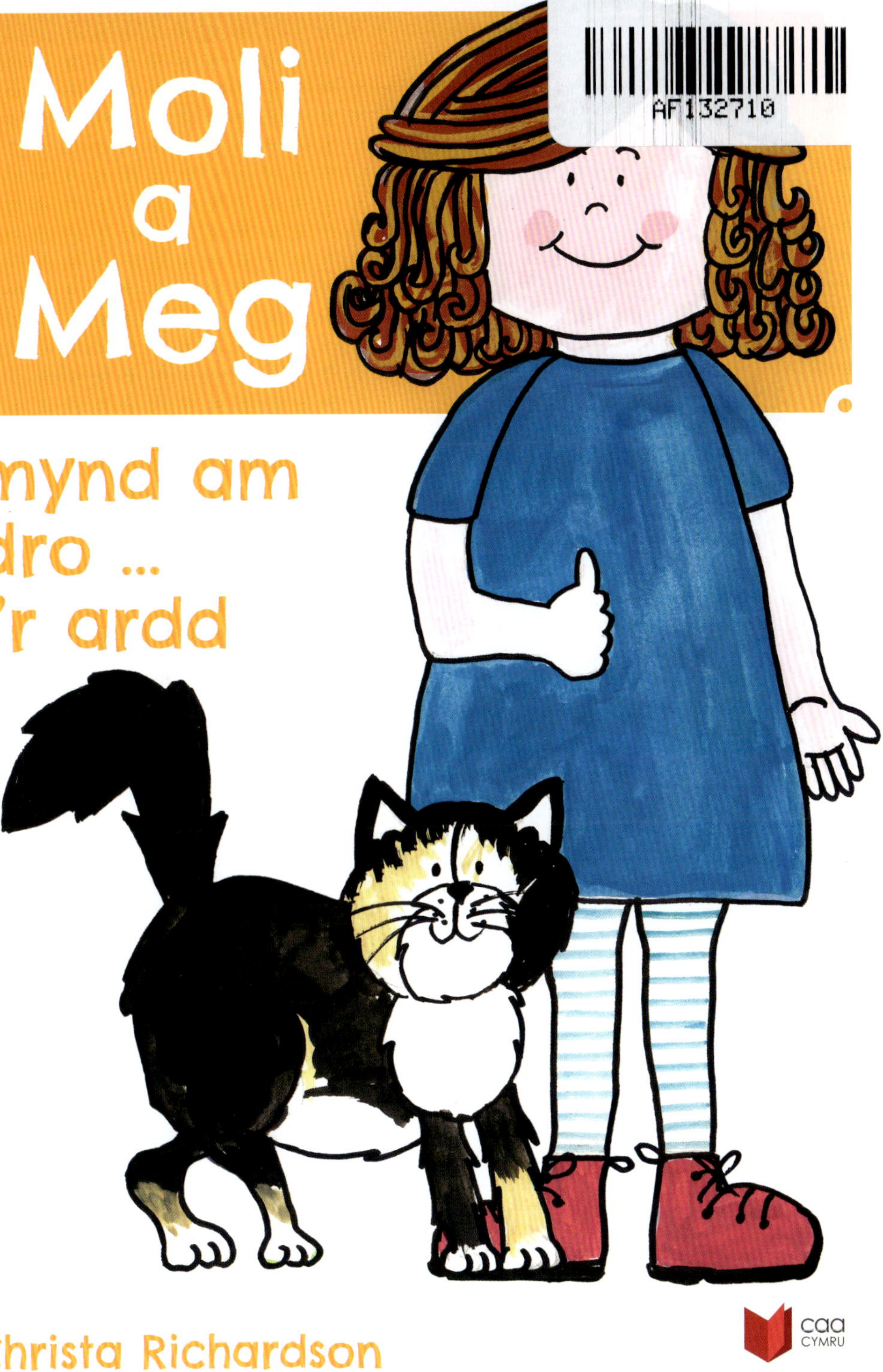

Christa Richardson

© CAA Cymru 2020
CAA Cymru – un o frandiau Atebol

Argraffwyd yn wreiddiol yn 2018
Argraffwyd yr argraffiad newydd cyntaf yn 2020
Ail argraffwyd yn 2021

Cyhoeddwyd yng Nghymru yn 2021 gan CAA Cymru, Adeiladau'r Fagwyr, Llanfihangel Genau'r Glyn, Aberystwyth, Ceredigion SY24 5AQ

Ariennir yn rhannol gan Lywodraeth Cymru fel rhan o'i rhaglen gomisiynu adnoddau addysgu a dysgu Cymraeg a dwyieithog

Mae hawlfraint ar y deunyddiau hyn. Ni chaniateir atgynhyrchu unrhyw ran o'r cyhoeddiad hwn na'i throsglwyddo ar unrhyw ffurf neu drwy unrhyw fodd, electronig neu fecanyddol, gan gynnwys llungopïo, recordio neu drwy gyfrwng unrhyw system storio ac adfer, heb ganiatâd ysgrifenedig ymlaen llaw gan y cyhoeddwr neu drwydded sy'n caniatáu copïo cyfyngedig yn y Deyrnas Unedig gan y *Copyright Licensing Agency (CLA)*. Am fanylion pellach am Drwydded Addysg CLA ewch i www.educationplatform.co.uk neu www.cla.co.uk. Gallwch hefyd anfon e-bost at education.customers@cla.co.uk

Cedwir pob hawl

Argraffwyd a rhwymwyd yng Nghymru gan Argraffwyr Cambria, Aberystwyth

ISBN: 978-1-84521-637-5

Mae cofnod catalog ar gyfer y cyhoeddiad hwn ar gael yn Llyfrgell Genedlaethol Cymru a'r Llyfrgell Brydeinig

Cydnabyddiaethau
Diolch i Sarah Davies, Chloe Edwards, Siân Pryce Edwards a Sharon Jones am eu harweiniad gwerthfawr

www.atebol.com

Dyma Moli.

Dyma Meg.

Mae Moli a Meg yn ffrindiau da.

Mae Moli a Meg yn mynd i'r ardd.
Mae blodau hardd yn yr ardd.

Mae Moli yn gweld pili pala ar y blodyn hardd.
Mae hi eisiau chwarae gyda'r pili pala ac mae hi'n symud yn ddistaw.

Mae Meg yn plannu hadau blodau'r haul yn y pridd.
Mae Moli yn neidio ac yn chwarae gyda'r pili pala.

Mae Meg yn rhoi dŵr i'r hadau yn y pridd.
Ond ble mae'r haul?
A ble mae Moli?

O, dyna'r haul yn cuddio
tu ôl i'r cwmwl.
A dyna Moli yn cuddio
tu ôl i'r blodau!

Hwyl fawr, Moli!
Hwyl fawr, Meg!